Las Gafas Infinitas

La vida de un niño autista puede ser muy cansada, siempre teniendo que adaptarse a un mundo que no le entiende. Pero eso cambia cuando Diego presenta su invento: las «Gafas Infinitas». Este invento mágico ayuda a los demás a ver el mundo desde la perspectiva de los niños autistas, creando un ambiente de comprensión y respeto. A través de situaciones cotidianas, el cuento muestra cómo la empatía puede transformar las relaciones y demostrar que ser diferente está bien.

Valores implícitos

Un cuento que fomenta la empatía y la comprensión hacia los niños autistas, mostrando la importancia de ver el mundo desde la perspectiva del otro. Resalta el valor de la inclusión, el respeto a la diversidad y la paciencia en la convivencia diaria.

Las Gafas Infinitas

Rocío Linares

Ilustrado por Fairy Saurus

¿Cansado de que te digan que comes mal, que no estás quieto o que eres un tiquismiquis?

¿Cansado de que no te dejen aletear tranquilo o de que digan que haces ruiditos molestos?

No te preocupes, amigo autista, porque
aquí te presento mi último invento:

¡Tachán!
¡LAS GAFAS INFINITAS!

Estas gafas no son para ti, porque todo está bien contigo.
Pero te voy a poner unos ejemplos de personas a las que
seguramente se las podríamos regalar.

Que la maestra se pone nerviosa porque no dejas de aletear en clase... ¡Gafas infinitas!

Y la maestra, después de ponérselas, le dice:

—¡Uy, perdona, Pedro, no sabía que necesitabas eso para regularte! Acuérdate de que puedes ir al rincón de la calma cuando quieras si necesitas descansar.

Que la abuela no entiende que no te comas su comida,
si es la mejor del mundo... ¡Gafas infinitas!

Entonces la abuela se pone las gafas y le dice:

—Oh, caramba, amorcito, no te gustaba mezclar sabores. Te pondré las cosas sin salsas y he comprado unos platos preciosos con diferentes espacios para los alimentos.

—¡Gracias, abuela! ¿Puede venir mi amiga Marta a comer mañana? Ella solo come cosas crujientes.

Que la tía Enriqueta se enfada porque no le haces
caso y no quieres darle un beso... ¡Gafas infinitas!

Y cuando se las pone, le dice:

—Cariño, lo siento. Ahora sé que, aunque no me mires, estás escuchando. Y que el contacto físico a veces no te gusta. La tía solo quería demostrarte lo mucho que te quiere.

—Tía, ¿sabes lo que hago yo para demostrarte que te quiero? Pasar tiempo a tu lado y hablarte sobre cosas que me gustan mucho. ¿Quieres que te cuente cosas sobre el reciclaje?

Que tus compañeros no te invitan a cumples porque no saben cómo jugar contigo... ¡Gafas infinitas!

Y un compañero, tras ponérselas, le dice a los demás:

—Él también quiere jugar, chicos, pero no sabe cómo decírnoslo. Tenemos que buscarlo nosotros y preguntarle. Y si no sabe jugar o quiere jugar a otra cosa, podemos jugar cerca de él para que no se sienta solo.

Que el peluquero no sabe cómo hacer para cortarte el pelo porque estás nervioso… ¡Gafas infinitas!

Se pone las gafas y le dice:

—Nico, tranquilo, vamos a ir muy despacito. Mira esta máquina. Hace muy poquito ruido y no hace daño. Te la voy a poner en mi mano y luego en la tuya para que veas que no hace nada. ¡Lo estás haciendo muy bien! Eres muy valiente. Sé que las cosas que hacen ruido a veces asustan.

Que tu mamá está preocupada porque, después de todo el día en el cole, llegas a casa y a la mínima lloras y te frustras... ¡Gafas infinitas!

Mi mamá se pone las gafas y me dice:

—Mi amor, estás agotado. Intentaremos seguir la rutina y siempre te anticiparé y te explicaré todo lo que vamos a hacer para que estés más tranquilo. Además, tengo que dejarte más momentos de descanso.

Así que ya sabes, si alguien no te deja ser quien eres... ¡Gafas infinitas!

Para aprender a mirar antes de juzgar.

¿SABES POR QUÉ INVENTÉ
LAS GAFAS INFINITAS?

- A veces, mis compañeros no me invitaban a los cumpleaños porque no sabían cómo jugar conmigo. Con las gafas infinitas, ellos pueden ver que también quiero jugar, pero a veces no sé cómo decirlo. ¿Cómo te sentirías si tus amigos te buscaran para jugar juntos y entendieran mejor lo que te gusta?

- Mi abuela no entendía por qué no quiero comer su comida. Con las gafas infinitas, ella ve que no me gusta mezclar sabores. ¿Qué le dirías a tu abuela sobre tus comidas favoritas? ¿Cómo te sentirías si ella te preparara la comida de una forma que te gustara más?

- Mi tía Enriqueta se enfadaba porque no le daba un beso. Con las gafas infinitas, ella comprende que no me gusta el contacto físico a veces, pero que aun así la quiero. ¿Cómo demuestras tu cariño a las personas importantes en tu vida? ¿Qué otras formas de mostrar cariño se te ocurren?

- El peluquero no sabe cómo cortarme el pelo sin que me ponga nervioso. Con las gafas infinitas, él ve que necesito que todo se haga despacio y con cuidado. ¿Qué le dirías al peluquero para que te ayudara a sentirte más cómodo? ¿Qué otras situaciones se te ocurren en las que a veces te sientes incómodo y necesitas ayuda extra?

Cuando las personas entienden mejor lo que necesito, es más fácil para todos ser felices. Siempre es importante mirar con el corazón y tratar de entender a los demás antes de juzgar. ¡Tú eres especial tal como eres!

TITANES

Las Gafas Infinitas

© del texto: Rocio Linares
© de las ilustraciones: Fairy Saurus
© del diseño y corrección: Equipo BABIDI-BÚ

© de esta edición:
Editorial BABIDI-BÚ, 2025
Avda. San Francisco Javier, 9, 6ª, 23
Edificio Sevilla 2
41018 - SEVILLA
Tlfn: 912.665.684
info@babidibulibros.com
www.babidibulibros.com

Impreso en España
Primera edición: mayo, 2025

ISBN: 979-13-87735-17-3
Depósito Legal: SE 395-2025